LETTRE

AUX ÉLECTEURS DES CAMPAGNES

SUR LA

QUESTION ÉLECTORALE

ACTUELLE

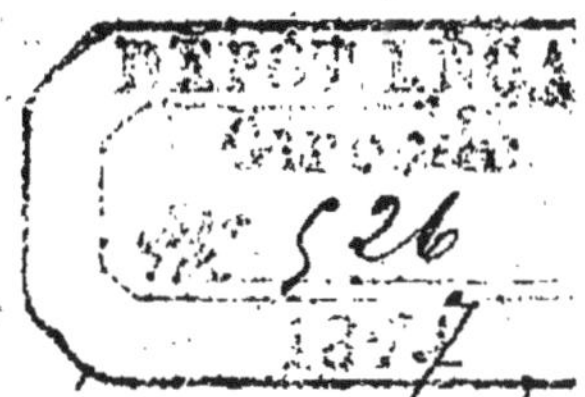

PAR

J. SAUJON PÈRE

ancien chef d'atelier

BORDEAUX

IMPRIMERIE ALCIDE SAMIE

16, Rue du Parlement-Saint-Pierre, 16

1877

LETTRE

AUX ÉLECTEURS DES CAMPAGNES

SUR LA

QUESTION ÉLECTORALE

ACTUELLE

PAR

J. SAUJON PÈRE

ancien chef d'atelier

BORDEAUX

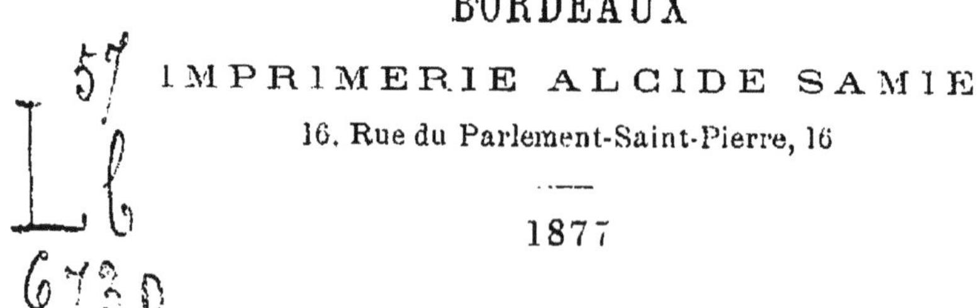

IMPRIMERIE ALCIDE SAMIE

16, Rue du Parlement-Saint-Pierre, 16

1877

LETTRE AUX ÉLECTEURS DES CAMPAGNES

QUESTION ÉLECTORALE

ACTUELLE

MESSIEURS,

La réunion définitive du centre gauche et de l'extrême gauche est donc aujourd'hui un fait avéré ! Que faut-il penser d'une pareille fusion ? Pour moi, Messieurs, je n'en augure, hélas ! rien de bon ; au contraire, cette union n'est que momentanée. Ces hommes, pour la plupart fort habiles, je n'en disconviens point, se sont dits : Nous sommes en quelque sorte ennemis, puisque sur certains points nous faisons toujours de l'opposition. Mais voyons si dans le moment présent, moment peut-être décisif, nous ne nous rallions pas, nous aurons probablement tort. Il est vrai pourtant que, soit sur plusieurs lois qu'on veut refaire, soit sur d'autres qu'on souhaite abroger, nous ne sommes nullement d'accord. En matière de religion même, nos dissidences sont grandes ; mais réfléchissons un peu, non pas au mal que notre scission peut faire à la prospérité de notre pays, non pas davantage au bonheur ou au malheur de ce peuple français, s'il est assez simple pour nous confier ses plus chers intérêts. Fi donc ! toutes ces choses ne sont que vains mots et chimères pour nous, hommes de sens et essentiellement pratiques !... Mais réfléchissons sur les conséquences fâcheuses que pourrait avoir pour nous une désunion. Par conséquent, suivant avant tout le progrès de notre siècle — en ce qui touche l'égoïsme — ne nous séparons point ; car dans le cas occurent notre rupture serait très-sûrement notre perte indubitable.

Voilà ce qu'ont dit, dans le secret du cabinet, ces hommes peu soucieux de l'élévation, de la

grandeur de notre chère et malheureuse patrie!
Voyons, Messieurs, ai-je tort de parler ainsi?
Ne vous semble-t-il pas les voir, ces radicaux
de toutes nuances, semblables à des loups affamés
qui, ayant vu une proie propre à assouvir leur
faim, se disputent chaque morceaux et s'entre-
déchirent pour avoir la plus grosse part; mais qui,
ayant peur que les plus forts l'emportent, font
mine douce jusqu'à ce que leurs griffes aient pu
s'emparer des morceau de choix? Ah! que ces
hommes sont donc dangereux, attendu qu'aucun
frein religieux ne saurait les arrêter. Combien nous
devons nous en méfier! Combien a été grande et
terrible leur déception lorsque a été prononcée la
dissolution de la Chambre! car ils espéraient,
ces ambitieux, que le ministère qui leur était
dévoué ne serait pas changé. Aussi, que de récri-
minations, de vociférations même, n'ont-ils point
lancées et ne lancent-ils point chaque jour contre
le maréchal de Mac-Mahon. Ils prétendent assurer
au peuple que cet acte de notre illustre Président
émane du Vatican; et pour cette raison, ils appel-

lent son gouvernement de combat qui est sage et modéré : gouvernement de curé. Certainement le Souverain Pontife désire de tout son cœur la paix et l'union avec la France ; mais soyez bien persuadés, chers compatriotes, que le Maréchal n'a nullement consulté Pie IX pour opérer la dissolution d'une Chambre qui, sous le prétendu nom de conservatrice, ne tendait à rien moins qu'au renversement de celui qui a si bien su déjouer leurs projets en les dissolvant. S'ils avaient eu le dessus, mais où en serions-nous aujourd'hui ; je vous le demande, hommes sensés et patriotes qui me lisez ? Nous serions à cette heure plongés dans la plus épouvantable anarchie, et peut-être, hélas ! dans les horreurs de la guerre civile. Eh quoi ! un père, un fils et un frère s'entre-tuer, n'est-ce pas la chose la plus affreuse ? Ne vous souvient-il donc plus de l'année néfaste du dernier siége de Paris qui coûta autant de sang à la France que les Allemands en avaient répandu, pour que d'un commun accord vous votiez des remerciements à l'homme dont la main ferme à su maintenir les

rènes du Gouvernement que vous lui avez confié?
Sans lui, je le répète, où en serions-nous?.....

Ne croyez donc pas tous les mensonges que ne
cessent de débiter les feuilles hostiles à l'ordre et
à la prospérité de notre pays ! rejetez bien loin de
vous les articles si absurdes qu'on ne craint point
d'offrir au peuple avide de nouvelles ! Ne croyez
pas davantage les calomnies si noires que les
journaux révolutionnaires ont l'audace de
mettre sous vos yeux. Ils ne veulent, croyez-
moi, qu'une chose : la perte de la France. Et si,
par une contenance ferme, vous n'opposez une
digue à ce torrent dévastateur, nous périrons
misérablement.

Pour votre bien et celui de tous les bons Français, Messieurs, ne lisez pas ces feuilles révolutionnaires qui veulent vous persuader que le Chef du
Gouvernement se laisse mener par les jésuites, qui
souhaitent, disent-ils, la guerre, afin de tirer le
Pape de sa prison du Vatican et de le replacer
sur son trône. Croyez que tout cela est faux, et
purement inventé pour effrayer les masses qui,

manquant d'instruction, sont frappées par les
phrases sonores répandues çà et là dans les journaux républicains, et n'en cherchent nullement
le sens. Ah ! ne vous laissez pas induire à erreur
par ces hommes qui osent se dire vos défenseurs,
vos amis, et qui, au jour du danger, feraient
comme ils ont déjà fait : vous laisseraient vous
défendre vous-mêmes ou succomber ; et eux fui-
raient pour éviter le châtiment dû à leur félonie,
en vous disant qu'ils ont été trahis eux-
mêmes. Dites-moi alors, Messieurs, dites-moi
quels seraient à ce terrible moment les plus
malheureux : seraient-ce ces soi-disant protec-
teurs de nos libertés qui, grâce à l'argent que le
pauvre peuple leur donne, quitteraient en toute
hâte le théâtre du danger ? ou nous qui, sans ou-
vrage, sans argent, serions obligés d'abandonner
nos familles pour nous battre contre nos frères ?
Je vous l'ai dit plus haut : cette idée me fait frémir,
et doit, qui que vous soyez, vous faire horreur.

Rejetez bien loin de vous l'idée que l'on vous
suggère que le Gouvernement actuel, toujours de

concert avec le clergé, veut abaisser le peuple.
Ces feuilles mensongères disent que le haut clergé
ayant le monopole de l'instruction et s'insinuant
dans les affaires de l'État, veut deux choses :
diminuer et enrayer l'impulsion déjà donnée à
l'instruction du peuple, afin de lui sortir, pour
ainsi dire, les facilités de penser et de raisonner,
et par conséquent, de le conduire comme il le
souhaite depuis bien des années, c'est-à-dire de le
réduire à une obéissance passive ; la seconde chose
que veut le clergé, disent ces feuilles, c'est de se
mêler des affaires de l'État pour attaquer certaines
libertés dont jouit le peuple depuis 93, de le faire
rétrograder, et par suite de ne plus admettre que
deux classes lettrées : les prêtres et les nobles.

D'après cela, vous le voyez, Messieurs, nous
retournons, selon le jugement de ces hommes, à la
barbarie, à la servitude et aux corvées. Je félicite
ces prétendus bons républicains de vouloir incul-
quer dans l'esprit des masses de si fausses, de si
absurdes idées. Il me semble que s'ils réfléchis-
saient un peu, ces Messieurs, ils se diraient :

Mais pour si bien que nous fassions, si dorées que puissent être nos propositions, le peuple, qui connaît aujourd'hui un peu son histoire, s'apercevra bien un jour que nous le trompons ; car si ce n'est point le père, ce sera le fils qui dira : Doucement, on nous affirme que le clergé veut que le peuple retourne à l'ignorance ! mais c'est une erreur des plus grossières.

Remontons seulement au XIIIᵉ siècle, qui est l'époque la plus remarquable du moyen-âge, et voyons en quelques mots ce que fait Robert de Sorbon, chanoine de Notre-Dame de Paris. Il fonde une Faculté de théologie où il appelle non-seulement les jeunes gens qui se destinent à l'état ecclésiastique, mais tous ceux que leur intelligence permet de comprendre ses leçons et celles des hommes instruits qu'il s'était adjoints. Les pauvres qui voulurent s'instruire trouvèrent donc dans cet établissement toutes les facilités, et se répandirent ensuite parmi leurs frères pour leur enseigner et la science et la vertu.

Lorsqu'au XIVᵉ siècle les guerres et les troubles

de toutes sortes eurent de nouveau plongé le peuple dans le désordre et l'ignorance, qui est-ce qui donna un nouvel élan à l'instruction ? Ce fut encore le clergé. Les lettres et les sciences qui s'étaient réfugiées dans les monastères en sortirent, se répandant parmi le peuple et envahirent bientôt la France entière.

Donc, Messieurs et chers Compatriotes, vous le voyez : si le clergé est resté dépositaire des arts et des sciences, quand le temps a été favorable il les a répandus, afin que la lumière se fît partout. Et voyez ce qui se passe de nos jours : où donc les enfants du peuple vont-ils apprendre ce qui leur est indispensable pour embrasser les arts libéraux? Dans les écoles des Frères de la Doctrine chrétienne. Vous le voyez, ceux qui vous disent que les prêtres veulent être maîtres pour faire de vous des serfs, se gardent bien de vous dire qu'ils vous ont appris et vous apprennent tous les jours la morale et les sciences.

Savez-vous, Messieurs, ce que voudraient les radicaux avec leur prétendu désir de faire respecter nos libertés civiles et nos libertés politiques? Ils voudraient, s'ils devenaient maîtres des destinées de la France, ils voudraient, dis-je, non pas détruire la religion catholique, qui étant de création divine ne peut disparaître, mais ils feraient tous leurs efforts pour faire de nous des libres-penseurs; et pour cela il leur faudrait évidemment anéantir les plus nobles institutions, mettre de côté les choses les plus consolantes de notre sainte religion.

Si un tel état de choses survenait en France, mais dites-moi, Messieurs, qui donc seconderait puissamment les parents pour corriger les défauts, les vices même de leurs enfants? Qui donc les soutiendrait dans les rudes combats de la vie? Qui donc, en un mot, ferait de nos fils des enfants dociles, des époux fidèles, de bons pères et de parfaits citoyens? Alors, oui, je n'en doute pas, sonnerait l'heure de notre décadance morale. L'homme, si peu religieux qu'il soit, reconnaît qu'il faut à un État une religion. Souvent, très-souvent, j'ai entendu des hommes sans instruction aucune, —

mais ayant le sens droit, — dire : Sans religion, point d'État, point de famille, point de société ! En effet, un Gouvernement, quelque puissant qu'il soit, n'a-t-il pas toujours besoin de s'appuyer sur une religion pour bien se conduire ? Dans la famille est-ce que la religion n'est pas indispensable pour la conduite intérieure ? Enfin, dans la société, la pensée de la religion, d'un avenir, ne concourt-elle pas à faire éviter bien des maux ? Et je vous le demande : quelle est la plus belle, la plus grande, la plus consolante des religions ? Sans contredit, c'est la nôtre ! Je ne crains pas de le dire ici : la religion catholique seule est comme ce phare lumineux placé le long de la côte pour guider le navigateur sur les mers orageuses, et qui lui montre au loin les récifs qui pourraient faire sombrer son vaisseau.

Les journaux radicaux débitent tellement de mensonges contre le clergé, qu'il y a quelques jours, me trouvant en chemin de fer, j'entendis des ouvriers dire que si l'ennemi venait à envahir la France, ils se croyaient en droit de refuser de se battre, attendu qu'ils ne voulaient point verser leur sang pour les jésuites. Sur les observations d'un bon patriote qui se trouvait là, et qui leur expliqua que dans de semblables circonstances c'était pour défendre sa patrie, son foyer qu'on devait prendre les armes et non pour les prêtres, ils furent sinon convaincus du moins étonnés de ce langage ferme, et se turent.

Certes, il y a certaines feuilles qui se pleignent des entraves que le Gouvernement suscite à la presse ! mais pour mon compte — et bien d'autres sont de mon avis — je trouve que le Gouvernement est beaucoup trop tolérant à ce sujet. Ah ! lorsque certains avocats ont demandé la liberté de la presse, ce n'était point, comme ils le disaient, pour donner au peuple la facilité de savoir, de connaître et d'apprécier les opinions de chacun ; non, c'était pour fausser son jugement par des raisonnements captieux, qui, renfermant des phrases sonores et les mots de liberté, égalité, fraternité, font impression sur les masses ouvrières, peu instruites, mais désireuses de s'élever au-dessus de leur sphère, et leur font voir, dans ces écrits, le moyen de supplanter le patron, de renverser le grand, de saper les fondements de la religion, en un mot de tout bouleverser. Mais pour sa gouverne, que le peuple comprenne que tout ce que disent ces feuilles dangereuses, c'est pour l'induire à erreur, pour lui ôter sa tranquillité et son bonheur. Et si par malheur ces hommes avaient le dessus, que le peuple soit bien persuadé qu'après leur avoir servi de marchepied pour parvenir au plus haut degré de la puissance, ils laisseraient ce même peuple, artisan de sa gloire, se démener, et après avoir satisfait leur ambition, ils le fouleraient sous leurs pieds vainqueurs, et le laisseraient crier. Que ferait alors ce pauvre peuple sans travail, sans argent, sans défenseurs? Ah ! croyez-moi, Messieurs, croyez-moi, ne vous laissez pas séduire par ces faux prophètes qui voudraient nous ramener, comme ils osent en accuser le clergé, aux siècles où le peuple n'avait aucune volonté, aucun pouvoir.....

Si ces hommes qui se décorent du titre de patriotes désintéressés l'étaient réellement, agiraientils ainsi? Non, très-sûrement. Ils chercheraient, par leur intelligence et leurs connaissances, à éclairer le peuple en lui apprenant les devoirs qu'il a à remplir à l'égard de Dieu, qui est le principe et la fin de toutes choses; à l'égard de la société qui le fait ce qu'il est suivant ses facultés morales; à l'égard de la famille qui est pour lui le lien le plus doux, le plus pur, celui seul qui donne la paix et le bonheur qu'il soit permis à l'homme de goûter ici-bas. Si l'on voyait paraître dans les journaux une morale saine, morale qui puisse porter l'homme au bien, et qui lui fît rejeter bien loin de lui l'idée du mal à laquelle, par notre mauvaise nature, nous ne sommes que trop enclins, oh! alors, le nombre des feuilles publiques ne seraient jamais trop nombreuses; mais, hélas! il n'en est pas ainsi, et dans notre cité bordelaise, on peut compter facilement les journaux dont l'esprit ne tend qu'à faire comprendre à l'homme ce qu'il est, pourquoi il est et où il va.

Donc si les hommes qui prétendent savoir nous gouverner connaissaient parfaitement leurs devoirs, ils ne rempliraient point leurs feuilles de récits scandaleux plus ou moins faux, et ne donneraient pas au peuple, par les démentis formels qu'ils s'adressent souvent, l'exemple de la désunion et de l'intolérance. Ils comprendraient qu'au lieu de réveiller dans le cœur du peuple cette fibre que l'on nomme le patriotisme, que le Français a portée si haut dans les siècles passés, ils ne font que l'amortir ; et s'il m'est permis de dire ici toute ma pensée, je dirai : Les radicaux et les membres internationaux font bien plus de mal à notre chère et malheureuse patrie que tous les Allemands ensemble ; car ils donnent à l'ennemi le douloureux spectacle de nos querelles, de nos dissensions intestines, et par suite du peu de patriotisme et de bonne foi de ceux qui se disent les défenseurs de nos libertés.

Dites-moi, Messieurs, que vous en semble d'une pareille situation ? A mon sens, nous sommes sur une pente extrêmement rapide, au bas de laquelle est un précipice insondable. Malheur à nous si dans notre élan nous ne nous accrochons pas à quelque fragment de rocher, nous périrons. Nous avons pourtant l'exemple du passé : rappelons-nous comment l'ancienne Rome, parvenue à son apogée de gloire et de puissance, a péri. Ne l'imitons pas !

Au nom des intérêts sacrés de la patrie, au nom de nos intérêts et de ceux de nos familles, unissons-nous donc, Messieurs, et que la France entière, comme un seul homme, se lève, proteste et se range sous la bannière de celui qui, vous le savez tous, s'est bien exposé pour nous sauver. Quoi qu'il advienne, en agissant ainsi, nous aurons accompli notre tâche. La devise de nos anciens preux doit être la nôtre : « Fais ce que dois, advienne que pourra ! »

Dieu, vous ne l'ignorez aucun, protége la France ; il ne veut point qu'elle périsse ; il ne lui demande, comme à l'enfant prodigue, qu'une chose : qu'elle se repente, qu'elle se jette dans ses bras et qu'elle vive.

Maintenant, Messieurs, espérons que notre glorieux Maréchal-Président remplira sa tâche jusqu'au bout, et saura, n'en doutons pas, avec l'aide des honorables mandataires que nous lui aurons envoyé, diriger la France vers les véritables principes qui, pendant dix-neuf siècles, l'ont faite la plus noble, la plus glorieuse et la plus chrétienne des nations civilisées.

www.ingramcontent.com/pod-product-compliance
Ingram Content Group UK Ltd.
Pitfield, Milton Keynes, MK11 3LW, UK
UKHW021051120726
13693UKWH00006B/2556